AF450763

ÉTUDE

SUR LA

CONDITION DES LÉPREUX

AU MOYEN AGE

Caen, imprimerie de F. Le Blanc-Hardel.

ÉTUDE

SUR LA

CONDITION DES LÉPREUX

AU MOYEN AGE

NOTAMMENT D'APRÈS LA COUTUME DE NORMANDIE

PAR

M. L. GUILLOUARD

MEMBRE DE LA SOCIÉTÉ DES ANTIQUAIRES DE NORMANDIE
PROFESSEUR AGRÉGÉ A LA FACULTÉ DE DROIT DE CAEN

<table>
<tr><td align="center">PARIS</td><td align="center">CAEN</td></tr>
<tr><td align="center">ERNEST THORIN</td><td align="center">F. LE BLANC-HARDEL</td></tr>
<tr><td align="center">LIBRAIRE DU COLLÉGE DE FRANCE
ET DE L'ÉCOLE NORMALE SUP^{re}</td><td align="center">LIBRAIRE-ÉDITEUR</td></tr>
<tr><td align="center">Rue de Médicis, 7</td><td align="center">Rue Froide, 2 et 4</td></tr>
</table>

1875

ETUDE

SUR LA

CONDITION DES LÉPREUX

AU MOYEN AGE

NOTAMMENT D'APRÈS LA COUTUME DE NORMANDIE

I.

A condition des lépreux au
moyen âge, chez les peuples
de l'Occident, présente un
triste spectacle : le *meseau*
(*meseau , mesel , mesiax , mesellus , leprosus , lazarus*) est mis au ban de la

société , éloigné du monde, brusquement séparé des siens, et relégué dans une maladrerie ou dans une maison isolée dont nul n'osera approcher : trop heureux s'il n'est pas atteint dans sa personnalité civile et réputé « *mors quant au siècle,* » suivant les expressions de Philippe de Beaumanoir !

Il faut, pour comprendre ces mesures si rigoureuses, lire dans nos anciens chroniqueurs la description qu'ils font de la lèpre et de ses effets : la lèpre passait pour incurable ; tous les médecins affirmaient qu'elle était héréditaire (1), et contagieuse

(1) La croyance à l'hérédité de la lèpre était tellement accréditée que les Usances de la ville de Calais prescrivent de ne recevoir comme bourgeois nulle personne qui compterait un lépreux parmi ses aïeux, à quelque degré que ce soit.

« Doivent tous ceux qui se présentent pour être reçus bour-
« geois rapporter attestation valable et suffisante de la justice
« des lieux dont ils sont natifs, ou bien où ils ont fait leur
« demeure et résidence : laquelle contiendra certificat de leurs

à ce point qu'elle se transmettait au contact des vêtements du lépreux, d'un objet
qu'il avait touché, ou même de l'air qu'il
respirait. Les souffrances qu'endurait le
lépreux étaient très-vives : ses chairs pour-
rissaient et ses os même se décomposaient
peu à peu sans qu'aucun remède pût apporter un soulagement à ses maux (1).

« bonnes vie, mœurs et conversation, et qu'ils n'auront été
« repris de justice pour cas portant note d'infamie, *et qu'ils
« ne soient issus ni descendants d'aucuns qui aient été en-*
« *tachés de maladie de lèpre; autrement, ne seront reçus au*
« *nombre desdits bourgeois* » (art. 6).

(1) « Bien que les variétés de ce mal fussent nombreuses,
« dit M. Cibrario, voici, en somme, quels en étaient les
« symptômes généraux :

« Peau dure et bronzée, couverte de *squammes* ou croûtes
« d'un blanc livide et sillonnée de crevasses exsudant des hu-
« meurs fétides ; front ridé, yeux ronds, vitreux et fixes, cils
« érodés et dépilation générale du corps ; nez déformé, ulcères
« dans les cartilages, ulcères au palais avec destruction de la
« luette, voix rauque, haleine excessivement fétide, oreilles
« cadavéreuses et disproportionnément allongées, ongles ré-
« duits à une substance gommeuse, genoux et mains gonflés,

La lèpre s'était répandue pendant le moyen âge d'une manière effrayante, surtout après les Croisades : au temps de Mathieu Pâris, dans la première moitié du XIII⁰ siècle, il y avait 19,000 léproseries dans l'Europe et l'Asie-Mineure ? En Normandie seulement, il y en avait 218 (1) !

La loi avait cependant pris des précautions aussi rigoureuses que multiples pour séquestrer le lépreux, et, suivant l'expression du Rituel de Bayeux, « obvier à l'in- « fection que sa conservation pourrait « apporter parmi le peuple. »

Avant tout, il fallait savoir quelles per-

« de couleur noire avec transparence livide. » (*Précis histo- rique des Ordres de Saint-Lazare et Maurice*, traduction H. Ferrand, p. 4, Lyon, 1860).

(1) Voir un intéressant travail de M. Léchaudé d'Anisy, sur *les léproseries en Normandie*, dans le tome xvii des mé- moires de la Société des Antiquaires.

sonnes étaient soupçonnées de lèpre : l'isolement auquel on allait le condamner, la
séparation des siens, et, dans quelques pro-
vinces, les déchéances civiles qui allaient
l'atteindre devaient conduire le lépreux, sa
famille et ses amis à dissimuler le plus
longtemps possible sa cruelle maladie. Aussi
lisons-nous dans la *Coutume du comté de
Boulogne* (rédigée en 1493), que si un lépreux meurt dans une paroisse sans que
les habitants aient averti la justice : « afin
« de visiter ledit ladre dès son vivant pour
« le juger et séquestrer hors des sains,
« *tout le bétail à pied fourché desdits*
« *paroissiens étant dans ladite paroisse est*
« *confisqué au droit du Seigneur haut jus-*
« *ticier* (tit. VII, art. 24). »

A ce propos, Claude Hatton raconte dans
ses mémoires quelle panique causa à Pro-

vins, en 1579, la nouvelle de la mort d'un
lépreux, qui n'avait pas été de son vivant
déclaré *ladre :* « La nouvelle... fut divul-
« guée et déclarée de l'ung à l'autre par
« la ville, et fut à l'instant mis en avant
« que toutes les bestes à quatre piedz qui
« avoient le pied fendu, comme vaches,
« porceaux, brebis et moutons, qui appar-
« tenoient aux habitants de laditte ville,
« estoient confisquées au roy et perdues
« pour ceux à qui elles estoient, d'autant
« que ledit Lecourt estoit mort avant d'avoir
« été rendu ladre. Ceux à qui appartenoient
« lesdittes bestes au pied fendu les détour-
« nèrent, et ne les laissèrent retourner en
« leurs maisons pour la première et la
« seconde nuict, en intention de les céler
« et les envoyer au loing nourrir ou vendre,
« jusques à ce qu'on eust vu le moyen

« d'en eschapper. Plusieurs tuèrent et firent
« tuer leurs pourceaux tout hastivement,
« et en fut tué à Provins en vingt-quatre
« heures ung cent pour le moings. »
(*Mémoires de Claude Hatton*, publiés par
M. Bourquelot, dans la collection *Des documents inédits pour servir à l'histoire de
France*, t. II, p. 1006.)

Il est probable qu'avec une pénalité aussi
sévère les dénonciations ne devaient pas
manquer. C'était à la juridiction ecclésias-
tique qu'il appartenait de prononcer, après
la visite du médecin, et de déclarer si la
personne soupçonnée était atteinte de lèpre.

Une fois la sentence prononcée, l'Eglise
procédait à la *séparation* du lépreux avec
une grande solennité, pour mieux faire res-
pecter la défense qui allait lui être faite de
« communiquer avec les gens sains. » La

loi séculière prononçait contre lui des pénalités s'il enfreignait ces défenses, mais cela ne paraissait pas suffisant, et l'intervention de l'Eglise, l'autorité la plus respectée alors, était jugée nécessaire pour protéger la société du contact des lépreux.

La coutume du Hainaut, qui contient dans son chapitre 135, intitulé « *Pour le* « *faict des Lépreuz* » un code complet de l'état civil des lépreux, nous montre à quel point cette intervention de l'Eglise paraissait importante : si un étranger était atteint de la lèpre dans une ville, la ville devait lui fournir un costume de lépreux et « *luy faire son service* » avant de le renvoyer dans sa paroisse d'origine.

« Et s'il est trouvé entaché de ladite « maladie, on devra lui bailler pour une « fois, s'il n'est du lieu, un chapeau ,

« manteau gris, cliquottes et besace, *et lui*
« *faire son service* » (chap. 135, art. 2).

Tous les anciens rituels donnent l'*office
de la séparation des lépreux*, qui devait
élever entre le lépreux et ses concitoyens
une barrière défendue à la fois par la loi
religieuse et la loi civile ; cet office se di-
vise en deux parties : la première comprend
les prières que l'église prononce sur la tête
du lépreux ; la seconde, très-importante
pour l'étude de la condition des lépreux
au moyen âge, se compose des *défenses*
que l'officiant doit adresser au lépreux, et
qui formeront désormais la règle de sa vie.

L'office destiné à séparer les lépreux
était d'abord, dans quelques diocèses, l'office des Morts, la messe de *requiem* (1).

______

(1) Ducange (*Glossaire*, v° Leprosus) cite un office du

Le lépreux était étendu sous le drap des morts, les cierges allumés autour de lui, et on lui faisait les absoutes, comme l'Église le fait encore pour les religieux qui vont entrer dans le cloître et qui sont, eux aussi, séparés des vivants ; mais on comprit bien vite ce qu'un pareil usage avait de cruel pour le lépreux qui, lui, ne se sépare pas volontairement du monde pour se rapprocher de Dieu, et, au lieu de la messe des Morts, l'officiant célébra la messe du Dimanche, ou la messe du Saint-Esprit, ou

XVᵉ siècle où l'usage s'était encore conservé de dire pour les lépreux la messe des Morts.

« De modo separandi leprosos. *In Ecclesia ante altare*
« pannus niger , si habeatur, supponatur duobus tretellis
« disjunctis , et juxta stet infirmus , genibus flexis, inter
« tretellos; subtus ponitur similitudine mortui gerens, quamvis
« vivat corpore et spiritu, Deo donante ; et sic ibi devote
« missam debet audire...... » (Officiar. curator. dioc. Clarom.
et S. Flori, *ann.* 1490).

un office spécial, composé de prières conso-
lantes destinées à implorer pour le lépreux
le courage et la résignation.

La plupart de ces offices se ressemblent;
nous citerons notamment les rituels de Ni-
colas de Thou, évêque de Chartres, de
Mgr d'Angennes, évêque de Bayeux (1),
de Réginald, archevêque de Reims.

Dans ce dernier rituel, le plus complet
de ceux que nous avons pu consulter, nous
voyons avec quelle solennité a lieu la séparation du lépreux. Le prêtre va le chercher processionnellement dans la maison
qu'il habite, le conduit, revêtu de la robe
de *mezeau*, dans un coin du chœur; puis,
quand le prêtre a célébré la messe, « il

(1) A cause de l'importance que cet office peut présenter
pour l'histoire des lépreux en Normandie, nous l'imprimons
en entier à la suite de cette étude.

« doit vestir ung surplis et mettre une
« estole en son col, et doit donner de
« l'eau benoîte audict lépreux, et le doit
« mettre hors, se y ne fait trop fort temps
« de pluye, ou autre nécessité, ledit
« prestre le doit mener au lieu où sa
« maison est faite au champ, et le doit
« exhorter en bonne patience et en cha-
« rité à l'exemple de Jésus-Christ et de
« ses benoîts saints (1). »

Ces exhortations terminées, le prêtre se

(1) Le rituel de Réginald nous indique en termes aussi élevés que touchants quelles paroles le prêtre doit adresser au lépreux.

« Pour avoir à souffrir moult tristesse, tribulation, maladie,
« mesellerie et autre adversité du monde, on parvient au
« royaume du Paradis où il n'y a nulle maladie, ne nulle
« adversité, mais sont tous purs et nets, sans ordure et quel-
« conque tache d'ordure, plus resplendissants que le soleil,
« où que vous irez, si Dieu plaist, mais que vous soyiez bon
« chrétien et que vous portiez patiemment cet adversité.
« Dieu vous en doint la grâce. »

retourne vers le peuple qui a accompagné le meseau jusqu'à la porte de sa demeure ; il recommande « qu'il lui fasse aumosne et le conferme en Dieu. »

Enfin, il s'adresse une dernière fois au lépreux, non plus pour le consoler, mais pour l'avertir solennellement de la manière dont il doit vivre, pour lui défendre de communiquer désormais avec les autres hommes :

« Quand ledit mesel est à l'entrée de la
« maison où il doit être mis pour de-
« mourer, le prêtre lui doit faire les dé-
« fenses qui s'ensuivent.

« Je te défens que jamais tu n'entres
« en église ou moustier, en foire, en moulin,
« en marchier, ne en compaignie de gens.

« Je te défens que tu ne voises point
« hors de ta maison sans ton habit de ladre,

2

« afin qu'on te connaisse, et que tu ne
« voises point déchaus.

« Je te défens que jamais tu ne laves tes
« mains ne autre chose d'entour toi en ri-
« vage, ne en fontaine, ne que tu boives,
« et se tu veux de l'eau pour boire, puise
« en ton baril en ton escuelle.

« Je te défens que tu ne touches à chose
« que tu marchandes ou achestes jusqu'à
« tant qu'elle soit tienne.

« Je te défens que tu n'entres point en
« taverne, se tu veulx du vin, soit que tu
« l'achestes ou qu'on te le donne, fais le
« entonner en ton baril. »

« Je te défens que tu ne habites à aultre
« femme que la tienne.

« Je te défens que si tu vas par les
« chemins et tu encontres aucune personne
« qui parle à toi et t'araisonne, que tu

« *te mettes au dessous du vent.....* » (Origines de la liturgie catholique, v° Lépreux).

Ainsi, une fois séparé, le lépreux devait éviter toute communication avec les autres hommes ; il restait libre sans doute de sortir de sa maison, d'aller chercher les objets dont il avait besoin pour vivre, mais à la condition de prendre les minutieuses précautions détaillées dans le rituel de Réginald. Revêtu d'un habit de *ladre*, portant à la main des *cliquottes* pour annoncer son passage, obligé de fuir toute « compagnie de gens, » le lépreux était véritablement un objet d'horreur pour les autres hommes.

S'il n'avait pas de fortune personnelle, ses moyens d'existence étaient des plus précaires ; nous voyons bien dans les coutumes de Hainault (ch. cxxxv, art. 2) et de

Lille (ch. XXXII, art. 1), ainsi que dans les rituels, que la paroisse d'origine du lépreux devait lui fournir au moment de sa séparation les objets de première nécessité dont voici l'énumération :

« Une tarterelle, souilliers, chausses, « robe de camelin, une housse et un cha- « peron de camelin, deux paires de dra- « peaux, un baril, un entonnoir, une cour- « roie, ung coustel, une écuelle de bois. » — « Item on lui doit faire une maison et « un puis, il doit avoir un lit estoffé de « coutte, coussin et couverture, deux « paires de draps à lit, une hache, ung « escrin fermant à clef, une table, une « selle, une lumière, une poelle, un ain- « dier, des escuelles à mangier, un bassin, « ung pot à mettre cuire la chaire » (*Rituel de Réginald*).

Mais la paroisse devait-elle en outre fournir des vivres au lépreux pauvre? Il paraît bien qu'elle n'y était pas tenue, et que le lépreux n'avait d'autres ressources que les « aumônes des bonnes gens » : cela résulte notamment de la coutume de Lille (au ch. xxxii, intitulé *Des ladres*), qui limite les obligations de la paroisse aux divers objets dont nous venons de parler, et, pour le surplus, renvoie expressément le lépreux aux aumônes :

« Par la coutume, les manants et ha-
« bitants de la paroisse, là où une personne
« entachée de lèpre a été née et baptisée,
« sont tenus si ledit entaché le requiert,
« luy délivrer en ladite paroisse : maison
« pour sa demeure, un chalit, lict, man-
« teau, table, plateau, et autres menues
« ustensiles de bois et verre. *Et peut tel ma-*

« *lade demander les aumosnes des bonnes*
« *gens.* »

Et encore cette faculté d'aller demander
des aumônes était-elle singulièrement res-
treinte pour le lépreux : la coutume de
Hainault limite à sept où huit jours par
an les époques où les ladres pourront venir
quêter dans la ville de Mons :

« Les lépreux, dit l'art. XX, ne pourront
« venir à la ville de Mons pour faire leurs
« questes, sinon ès jours accoutumez, si
« comme de Pasques, Pentecoste et Noël,
« les jours Notre-Dame, la veille de la
« procession dudit Mons, La Toussaint, ès
« nuits Saint-Martin, des Rois et Qua-
« resmeaux, se gardant lors de converser
« entre les gens et de n'uriner, sinon ar-
« rière d'iceux, et hors rues publiques. »

L'Ordonnance Royale de mai 1413 est

beaucoup plus rigoureuse encore : elle dé-
fend aux lépreux « d'entrer dans la bonne
« ville de Paris, ou les autres bonnes villes
« du royaume, *pour quester* ou autrement,
« sous peine d'être prins et emprisonnés un
« mois au pain et à l'eaue par les exé-
« cuteurs des hautes justices d'icelles nos
« bonnes villes. »

Qu'on se figure quelle était à cette époque
la position du lépreux pauvre : le corps en
proie à de cruelles souffrances, séparé des
siens, dans l'impossibilité de travailler, car
personne n'eût voulu ni l'employer à son
service ni acheter le produit de son travail,
obligé pour vivre de solliciter des aumônes,
et en même temps contraint de ne point
aller quêter dans les villes où il eût trouvé
des ressources plus abondantes, enfin,
même dans les campagnes, devenu l'objet

d'une horreur qui éloignait de lui la charité !

Heureusement l'Eglise catholique, la consolatrice des affligés, vint à son secours et réussit, sinon à le réconcilier avec la société, au moins à lui assurer des moyens d'existence.

Dès le VIe siècle, nous voyons les évêques au parlement de Lyon (587) demander et recevoir la mission de nourrir et d'entretenir les lépreux.

A mesure que les monastères se fondent, les moines établissent dans les dépendances de l'abbaye un asile pour les lépreux, et nous lisons dans les Statuts synodaux de l'église de Coutances que cet asile ne doit pas être trop éloigné de l'abbaye, ce qui serait contraire à la charité fraternelle que l'on doit avoir pour le lépreux.

« Item præcipimus ut quælibet abbatia
« domum habeat juxta muros ad leprosum
« ponendum, ubi si forte contigerit, ita non
« extra, nisi in loco religioso, quia et domus
« inde vilescit, et per hoc mutua fraternitas
« erga ipsum amittitur » (Dom Martène,
Thesaurus anecdotorum, IV, p. 804) (1).

Mais ces asiles devinrent bientôt insuf-
fisants, et on vit arriver de la Palestine et
se répandre dans tout l'Occident un ordre
religieux sous l'impulsion duquel des léproseries ou maladreries s'élevèrent bientôt
dans la plupart des paroisses importantes :
nous voulons parler de l'ordre des Che-

(1) Orderic Vital indique une autre de ces fondations, dont
nos vieux chroniqueurs nous fournissent beaucoup d'exemples :
« *Osbernus abbas constituit ut septem leprosi pro amore Dei*
« *perenniter ab Uticensibus alerentur, cisque de cellario fra-*
« *trum panis et potus septem monachorum quotidie largi-*
« *retur* » (Orderic Vital, *Hist. ecclés.*, liv. III, ann. 1063).

valiers de Saint-Lazare de Jérusalem et du Mont-Carmel. Créé à Jérusalem pendant les Croisades, en 1119, sous le nom d'Ordre des Hospitaliers de Saint-Lazare, dans le but exclusif de soigner les lépreux, il fut introduit en France au temps de Louis VII, et réuni sous Henri IV à l'ordre de Notre-Dame du Mont-Carmel. A cet ordre étaient confiées toutes les maladreries de France, et, pour réhabiliter les lépreux à leurs propres yeux, et leur montrer qu'ils ne voyaient en eux que des frères souffrants, les Chevaliers de Saint-Lazare devaient, d'après les statuts de l'ordre, choisir pour grand-maître un chevalier lépreux (Migne, *Dictionn. des ordres religieux*, v° SAINT-LAZARE) (1).

(1) M. Cibrario, dans l'étude très-intéressante qu'il a consacrée à l'ordre de Saint-Lazare et de Saint-Maurice, apprécie

Sous l'influence de l'ordre de Saint-Lazare devenu bien vite puissant, surtout en France, les léproseries s'enrichirent de dons considérables, et les lépreux pauvres y purent vivre sans avoir recours aux res-

dans les termes suivants le rôle de l'Eglise à l'égard des lépreux : « De la loi du Christ, dit-il, était venue à l'homme « une vertu qu'il n'eût pu trouver en lui-même, et qui devait « lui faire voir, dans les lépreux, des semblables dignes de « compassion et de secours ; plus encore : des amis et des « frères. La prudence ordonnait de les séparer des autres « hommes, la charité ordonnait de les secourir, et il était « réservé aux chrétiens de concilier ces deux grandes lois » (*Op. citat.*, p. 5).

De nombreux exemples cités par M. Cibrario montrent quel dévouement la religion catholique suscita en faveur des lépreux ; quoi de plus touchant, par exemple, que la charte dans laquelle Brisebarre, seigneur de Beyrouth, non content de donner aux lépreux la plus grande partie de sa fortune, déclare qu'il veut se consacrer lui-même à leur service : « *Ego* « *G. Brisebarra domus S. Lazari infirmorum Hierosolymæ* « *frater esse volo, et, si renunciare seculum voluero, in* « *nullam aliam domum me reddere possim, et de omnibus* « *beneficiis domus particeps esse volo.* » Et cet exemple trouva plus d'un imitateur (*Cibrario, ibid.*, p. 29 et suiv.).

sources si incertaines, hélas ! de « l'aumosne des bonnes gens (1) . »

(1) Saint Louis, roi de **France**, dont les dons contribuèrent
beaucoup à enrichir les léproseries, donna lui-même à un
lépreux des soins touchants, qui montrent comment ce saint
roi comprenait la charité :

  « Et en l'abéie de Roiaumont avoit un moine qui avoit nom
« frère Ligier, et estoit diacre en l'ordre, qui estoit mesel, et
« estoit en une maison desseuré des autres, qui estoit si despiz
« et si abominables que, pour la grant maladie, ses yeux
« estoient si degastez qu'il ne veoit goute, et avoit perdu le
« nez, et ses lèvres estoient fendues et grosses, et les pertuis
« des ieux estoient rouges et hysdeux à voir.

  « Et doncques comme li benoiez Rois fust venu un jour de
« diemenche entour la feste saint Remi à ladite abéie de
« Roiaumont, et eust oï ilecques plusieurs messes, si com il
« avoit accoustumé, et estoit avec lui li cuens (comte) de
« Flandres et plusieurs autres gentilzhommes ; et quant les
« messes furent dites, il issi de l'église et alla vers l'enfer-
« merie à la mezon où li moines demeuroit ainsi mezel ; et
« quant il y voit aller, il commanda à un de ses huissiers que
« il feist cels qui estoient avecques lui traire arriére ; et einsi
« il prist l'abbé de Roiaumont, et li dist que il vouloit aller
« au lieu où li dit mesiax demoroit, que il avoit autre foiz
« veu, et le vouloit visiter.

  « En après li abbès alla devant, et li benoiz Rois alla après,
« et entra au lieu où li malades estoit, et le trouvèrent men-
« jant à une table assez courte, et mangeoit char de porc ;

Telle était, au point de vue administratif, comme nous dirions aujourd'hui, la condition des lépreux au moyen âge ; elle peut se résumer en un mot : isolement complet du lépreux dans la maladrerie ou dans la maison qui lui sert de refuge.

« car einsi est la coutume des mesiax en l'abéie, que ils man-
« jirent chiers, et li sainz Rois salua cel malade, et li demanda
« comment il li estoit, et s'agenoilla devant lui ; et lors com-
« mença à tranchier à genoux, et trancha devant lui la char
« d'un coutel que il trouva à la table dudit malade ; et comme
« il eust tranchié la char par morsiax, il metoit ces morsiax
« en la bouche du malade, et il les recevoit de la main du
« benoiez Rois et les menjoit......

« Et avecques tot ce, li benoist Rois confortoit ledit malade,
« et li disoit que il souffrist en bonne patience cele maladie,
« et que c'estoit son purgatoire en cest monde ; et que il
« valoit miex qu'il souffrist cele maladie ici, que il souffrist
« autre chose el siècle à venir......

« Et ainsi visitoit-il souvent ledit malade, et disoit souvent
« as chevaliers : « alon visiter nostre malade, » et il parloit
« du mesel ; mais ils n'entroient pas avecques lui en la meson
« dudit malade, mes li abbei ou li prieurs de cel lieu. » (VIE
DE SAINT-LOUIS, par le confesseur de la Reine Marguerite,
ch. IX, *Des œuvres de pité (pitié).*)

II.

AU point de vue de sa capacité civile, la condition du lépreux n'était pas modifiée, au moins d'après le droit commun des coutumes, et il conservait la jouissance et l'exercice de tous ses droits : il pouvait se marier, tester, disposer de son patrimoine entre vifs, à titre gratuit ou onéreux, recueillir des successions, en un mot agir comme le ferait une personne saine de corps et d'esprit.

« Le lépreux, dit la coutume de Hainaut, « pourra succéder comme autre personne,

« et les hoirs dudit lépreux à lui, et se
« peut aider de son héritage comme un
« autre » (Ch. 135, art. 6).

« Homme lépreux, lui étant escheu à
« titre de sa femme quelques meubles ou
« héritages, en doit jouir et en peut faire
« aliénation, s'il y a enfants, comme autre
« non lépreux, observant toutes solennitez
« à ce requises, sauf à ladite femme sa
« provision pour la vie » (*ibid.*, art. 16).

Bouteillier, dans sa *Somme Rurale*, indique avec une grande précision que la
lèpre n'empêche point le lépreux de se
marier, s'il le veut, et ne dissout point le
mariage antérieurement célébré :

« Si dois scavoir qu'il n'est mie défendu
« aux meseaux qu'ils se marient ensemble,
« ou à autre qui faire le veut, ne souffre
« la loy que s'il advenoit que l'homme ou la

« femme que mariée seroit, quelle qu'elle

« fust, cheist en mesellerie, pour ce n'est

« mie le mariage divorcé, ne doivent jamais

« se partir l'un de l'autre ; mais doit le

« sain garder le malade, si chasteté ne

« vouloit vouër. Toutefois dit la loy que si

« fiançailles y avoit de futur, et que l'un

« devint mesel, l'espousaille seroit deffaicte,

« et ne seroient tenus de procéder au ma-

riage » (*Somme rurale*, liv. II, tit. VIII,

DES MARIAGES AUX MESEAUX) (1).

(1) Il faut rapprocher de ce passage de Bouteillier un texte
du droit canonique qui donne la même solution : c'est une
décision du pape Alexandre III, de l'an 1180 :

« ...... Constat quod sive mulier lepra percussa fuerit, seu
« alia gravi infirmitate detenta, non est a viro propterea
« separanda, vel etiam dimittenda. Leprosi autem, si conti-
« nere nolunt, et aliquam, quæ sibi nubere velit, invenerint,
« liberum est eis ad matrimonium convolare. Quod si virum
« sive uxorem leprosum fieri contigerit, et infirmus a sano
« carnale debitum exigat, generali præcepto Apostoli quod
« exigitur est solvendum » (Migne, *Dict. de droit canon.*,
v° LÈPRE).

Seule, au milieu de nos coutumes, la coutume de Normandie atteint le lépreux jusque dans sa personnalité civile : elle le déclare incapable de succéder même à ses parents les plus proches, et, s'il possédait quelque fortune personnelle avant sa maladie, elle lui enlève le droit d'en disposer, et le réduit sur ses propres biens à un simple usufruit.

Les différents textes de la coutume ne laissent sur ce point aucun doute.

Voici d'abord comment s'exprime le grand coutumier de Normandie, au titre d'*empêchement de succession* (liv. VI, ch. vi) : « Le mesel ne peut être hoir à autre, pour « tant que la maladie soit aperte commu- « nément. Mais il tiendra toute sa vie l'hé- « ritage qu'il avoit ains qu'il fut mesel. »

Ces mots, « *il tiendra toute sa vie l'hé- « ritage qu'il avoit ains qu'il fut mesel* » étaient équivoques, et pouvaient signifier que le lépreux restait au moins propriétaire des biens qu'il possédait avant sa maladie. Mais Terrien nous apprend que telle n'avait pas été l'interprétation de la Glose, et l'on décidait que le lépreux ne conservait plus sur ses propres biens qu'un droit d'usufruit.

Cette interprétation de la Glose est d'ailleurs confirmée par le texte de l'ancien coutumier en vers, rédigé en 1280 :

> « Meseaux ne se peuvent estendre
> « De succession d'aultre prendre
> « Se notoire est leur maladie
> « Mez leurs fieux tiendront-ils leur vie,
> « Que nulz ne leur en fera tort,
> « Jusqu'à ce qu'il soient morts. »

Enfin, s'il restait un doute sur la portée de la coutume de Normandie, il disparaîtrait en présence du texte de la coutume réformée de 1583, qui contient la disposition suivante (art. 274) :

« Celuy qui est jugé et séparé pour ma-
« ladie de lèpre ne peut succéder, et néan-
« moins il retient l'héritage qu'il avoit lors
« qu'il fut rendu, pour en jouir *par usufruit*
« tant qu'il est vivant, sans le pouvoir
« aliéner. »

Cette disposition, qui frappe le lépreux d'une sorte de mort civile, lui enlevant tout moyen de récompenser le dévouement qu'on lui aurait témoigné, le réduisant même parfois à la misère, s'il n'a d'autres ressources que l'héritage espéré de ses parents, paraît aussi dure qu'incompréhensible : dans quel but enlever au lépreux son patrimoine héréditaire, alors surtout qu'il est incapable de subvenir à ses besoins, et que l'isolement auquel il est condamné l'empêche de travailler pour vivre ?

Les commentateurs de la coutume sont à peu près unanimes pour blâmer cette disposition.

Terrien la déclare « odieuse et contraire au droit commun. » Basnage dit qu'il ne sait pas pour quelle cause les lépreux deviennent incapables de succéder, alors que « le droit romain ne les a point exclus des « droits successifs, non plus que les autres « personnes qui naissent imparfaites. »

Godefroy blâme d'autant plus vivement la disposition de la coutume qu'elle atteint non-seulement le lépreux, mais ses enfants : « Je ne scay pourquoi, dit-il, nostre cou-« tume faict les ladres incapables de suc-« céder, et principalement s'ils ont des « enfants. Car que la lèpre soit accidentelle

« et puisse arriver depuis le mariage ou la

« naissance des enfants, non-seulement le

« droit canon l'approuve, mais aussi les

« histoires sacrées le témoignent... et ne

« voy aucune raison pourquoy les enfants

« doivent perdre leurs droits par l'accident

« corporel du père... »

Quelques auteurs ont prétendu trouver une règle analogue à celle de la coutume de Normandie dans un capitulaire de Pépin, de l'année 757.

« La coutume de Normandie, dit M. Ci-

« brario dans son traité d'*Economie poli-*

« *tique au moyen-âge* (II, p. 105),

« considérait la lèpre comme une espèce de

« mort civile : *et elle était en cela conforme*

« *à un capitulaire de Pépin, qui autorisait*

« *le divorce en pareil cas.* »

Cette interprétation est aussi celle de

M. Léchaudé d'Anisy dans son étude *sur les
léproseries en Normandie* : d'après lui, le
capitulaire de Pépin « *permettait à la femme
« saine de se séparer de son mari lépreux.* »

Si telle était la portée du capitulaire,
l'analogie serait frappante, et la disposition
de notre coutume n'aurait rien d'excep-
tionnel; le principal effet de la mort civile
c'est de briser le lien conjugal, et, si la
lèpre autorise le divorce, on peut dire réel-
lement que le lépreux est mort pour le
monde.

Mais le capitulaire de Pépin nous paraît
prouver tout le contraire : loin d'accorder à
l'époux sain la faculté de rompre le lien
conjugal, il subordonne cette rupture à
l'assentiment du lépreux ; les époux pourront se séparer, la femme contracter une
nouvelle union, mais *si le lépreux y con-*

sent, c'est-à-dire que la lèpre pourra être l'occasion d'un divorce *par consentement mutuel.* Le texte est très-précis et ne dit pas autre chose :

« Si vir leprosus mulierem habeat sanam,
« *si vult ei donare commeatum ut accipiat*
« *virum*, ipsa femina , si vult , accipiat.
« Similiter et vir » (Baluze, I, p. 184).

Réduit à ces termes, le capitulaire de Pépin n'a plus aucune importance. Divers documents, et notamment les formules de Marculfe (liv. II, ch. xxx. Baluze, II , p. 423) attestent que le divorce par consentement mutuel avait longtemps subsisté, malgré les prohibitions de l'Eglise ; et tout ce qui résulte du capitulaire de l'an 787, c'est que les époux pouvaient donner pour cause ou prétexte de leur volonté de divorcer la maladie de l'un d'eux, comme ils auraient pu donner un autre motif, par exemple l'incompatibilité d'humeur, comme le suppose la formule de Marculfe, « *Dum inter* « *illo et conjuge sua discordia regnat.* »

Si le lépreux avait été frappé de mort civile, ou bien la loi aurait déclaré son mariage dissous de plein droit, ou, dans tous les cas, elle aurait donné à son conjoint la faculté de faire prononcer le divorce, avec ou sans le consentement du lépreux ; mais du moment où le divorce est subordonné à son consentement, il faut bien reconnaître qu'il jouit du bénéfice du droit commun, et que sa capacité civile n'est point diminuée.

D'ailleurs, si tel avait été le sens du capitulaire de Pépin, on retrouverait des traces de la règle qu'il aurait consacrée dans les monuments de notre ancien droit, capitulaires, lettres royales ou ordonnances ; mais il n'y a rien de semblable ni dans les capitulaires de Charlemagne ou de ses successeurs, qui ne s'occupent des lépreux que pour leur défendre de se mêler au peuple, « *ut se non intermisceant alio populo* » (Baluze, I, p. 244), ni dans les lettres ou ordonnances royales relatives aux lépreux, qui se bornent à rappeler les règles de police dont nous avons parlé plus haut, en défendant aux lépreux d'entrer dans les villes, en leur enjoignant de porter sur leurs vêtements un signe distinctif, etc....... (Lettres des 1er février 1371, 3 juin 1404 et 7 mars 1407. Ord. du 25 mai 1413).

Nous ne connaissons dans notre ancien droit qu'un seul texte qui se rapproche de la rigueur de la coutume de Normandie : c'est la coutume de Clermont en Beauvoisis , dont le ch. LVI, n° 2, est ainsi conçu :

« Quand aucuns devient mesiax, par quoi
« il convient qu'il laisse le compaignie des
« geins sains, il n'a puis droit en nulle
« propriété d'éritage, ne qui fust siens, ne
« qui li peust venir de son lignage. Mes
« voir est, s'il avoit meubles ou conqués,
« et ant que le maladie li prist, il en peut
« ordener à sa volenté; et aussi du quint
« de son heritage, aussi comme en pot fere
« en testament; car sitost comme il est pris
« de cele maladie, *il est mors quant au*
« *siècle.* Mais s'il lait aucun héritage par
« le reson du quint, ou aucun héritage
« qu'il ait aquis, à le maladerie où il doit
« aller, ou à autre religion, fere le pot. »

La coutume de Clermont dépouille aussi
le lépreux de sa capacité civile, et elle em-

ploie même contre lui une formule éner-
gique, elle le déclare « *mors quant au*
« *siècle* » : sans doute elle lui accorde, au
point de vue de la liberté testamentaire,
une prérogative plus grande que la coutume
normande, mais ces deux législations re-
posent évidemment sur la même idée : l'in-
capacité civile du lépreux.

Nous croyons que cette ressemblance
s'explique par l'influence que la coutume de
Normandie dut exercer sur les institutions
du Beauvoisis ; ce petit pays, si souvent
pillé par les Normands au IXᵉ siècle, et devenu enfin leur plus proche voisin, avait
dû subir l'influence de ce peuple de con-
quérants, qui, après avoir montré sa su-
périorité dans les combats, gouvernait avec
tant d'habileté la riche province où il s'était
fixé. De l'admiration que devait exciter un

tel peuple au désir d'imiter ses lois, il n'y a qu'un pas, et nous croyons qu'il serait facile d'établir non-seulement pour la condition des lépreux, mais sur plus d'un autre point que la coutume de Clermont en Beauvoisis a fait des emprunts à la législation normande.

Comment donc expliquer cette disposition de la coutume de Normandie, qui reste isolée au milieu du droit commun de la France? Nous croyons qu'elle est d'*origine Scandinave*, et qu'en venant s'établir sur le territoire de l'ancienne Gaule les Normands l'avaient apportée de leur pays.

M. Laferrière, qui a étudié avec une érudition et un talent qu'on ne saurait trop admirer les origines de notre droit coutumier, assigne une triple source au droit Normand : coutumes Scandinaves, coutumes

indigènes, coutumes anglo-normandes *(Histoire du droit Français*, tom. III, p. 602);
et plus on étudie la coutume de Normandie,
plus on y retrouve cette triple influence qui
donne au droit Normand un caractère particulier au milieu des autres coutumes.

C'est, en particulier, à l'origine Scandinave qu'il faut attribuer, selon nous,
l'étendue excessive du droit d'aînesse en
Normandie, surtout dans le pays de Caux,
où l'aîné, d'après l'ancienne coutume, re-
cueillait toute la succession du père et de
la mère, sauf à servir aux puînés une
pension viagère; ce n'est pas là le droit
d'aînesse de la société féodale, où l'aîné
n'a qu'un préciput qui lui permet de porter
le nom et de soutenir la dignité de la famille : c'est la coutume patriarcale des
peuples du Nord.

Telle est aussi, à notre avis, l'origine de la condition rigoureuse des lépreux, et nous en trouvons la preuve dans un rapprochement qui nous paraît décisif, dans la comparaison de la coutume avec les lois des Lombards.

« Rotharis, roi des Lombards, dit Montesquieu *(Esprit des Lois,* liv. XIV, ch. xi), ordonna qu'un lépreux, chassé de sa maison et relégué dans un endroit particulier, ne pourroit disposer de ses biens ; parce que, dès le moment qu'il avoit été tiré de sa maison, *il étoit censé mort* (lois de Rotharis, liv. II, tit. 1, § 3, et tit. 18, § 1). Pour empêcher toute communication avec les lépreux, on les rendoit incapables des effets civils. »

La communauté d'origine des Normands et des Lombards est aujourd'hui un fait incontestable : descendus les uns et les autres des régions Scandinaves, ils ont apporté dans leurs lois un caractère de rigueur et de dureté que peut seul expliquer le caractère des habitants du Nord, et qui ne se retrouve point chez les peuples des autres races. Ces hommes, habitués à braver les tempêtes si communes dans les mers du Nord, contraints par la stérilité de leurs terres à vivre du butin qu'ils arrachaient après de sanglants combats aux habitants dé rivages plus fertiles, ces guerriers, auxquels la religion d'Odin promettait comme récompense de nouvelles luttes dans l'autre vie, avaient une législation empreinte d'une dureté extrême.

Ainsi, c'est dans la Scandinavie qu'est né le jugement par combat, et que l'exposition des enfants nouveau-nés a été si longtemps autorisée: c'est dans le Jutland qu'au milieu d'une famine le conseil national décida que l'on tuerait les vieillards, les enfants, tous les hommes qui ne seraient pas capables de porter les armes ou de labourer la terre (Depping, *Histoire des expéditions maritimes des Normands*, t. I, ch. I ; Wheaton, *Histoire des peuples du Nord*, ch. XII).

Ces hommes robustes, vigoureux, dont les vieux chroniqueurs nous décrivent la belle stature, l'agilité et la force, avaient dû être vivement impressionnés par la lèpre, cette hideuse importation de l'Orient, et nous croyons qu'au temps où le conseil de Jutland avait décrété la mort de toutes les bouches inutiles, il n'aurait pas hésité à ordonner la mort des lépreux, membres non-seulement inutiles, mais dangereux pour la société. Les temps étaient changés, et la loi Scandinave s'était humanisée; mais, si elle n'osait pas faire mourir le lépreux, elle le séparait au moins de la société en lui infligeant une véritable mort civile.

Telle doit être, croyons-nous, l'origine commune des dispositions de la loi Lombarde et de la coutume de Normandie; si on n'expliquait pas par cette parenté d'origine et de traditions un rapprochement aussi frappant, comment comprendre que, seuls entre les peuples du moyen âge, les Normands et les Lombards se soient rencontrés pour édicter des règles si rigoureuses et si différentes du droit commun de l'Europe occidentale ?

Il semble que cette situation des lépreux au moyen âge, cet isolement auquel la société les avait condamnés, cette mort civile dont la coutume de Normandie les frappe, soit un mauvais souvenir de notre histoire, un passé lointain que l'on est heureux d'oublier : malheureusement il n'en est pas ainsi, et, à l'heure où nous écrivons, la lèpre règne encore dans diverses contrées, à Quito, à Madagascar, dans les îles Sandwich (1), et la condition des

(1) Le redoutable fléau subsiste même dans un pays beaucoup plus rapproché de nous, dans l'Asie-Mineure, qui paraît avoir été son berceau :

« La lèpre est toujours très-fréquente dans plusieurs parties « de l'Asie-Mineure. En Crète, comme dans quelques-unes « des Sporades, il existe des villages entiers de lépreux, « mariés et se mariant, et se transmettant ainsi le mal de « génération en génération......

« Les classes pauvres de la population sont spécialement « atteintes par le fléau ; on en attribue les causes probables « à l'abus immodéré qu'elles font d'huile et de poisson salé, « tandis que les classes aisées, dédaignant cette vulgaire nour- « riture, sont rarement sujettes au mal.

« La contagion de cette affection est si foudroyante qu'un « individu aussitôt attaqué de la lèpre est chassé de sa maison « et envoyé au village lépreux » *(Journal officiel, 3 avril 75).*

lépreux n'y est pas plus fortunée qu'elle n'était au moyen âge!

Dans les îles Sandwich surtout, où la lèpre fait de grands ravages, le Gouvernement a relégué tous les lépreux dans une petite île, l'île Molokaï; toute communication est interdite entre l'île et le reste de l'Archipel, et les lépreux, au nombre d'environ deux mille, y vivent et y meurent sans secours d'aucune sorte. Toutefois l'Eglise catholique, continuant sa mission séculaire, est venue au secours de ces malheureux, et deux missionnaires (1) sont allés s'enfermer au milieu des lépreux pour leur donner les soins matériels qui leur

(1) Ces héros obscurs de la foi catholique, dont les noms méritent d'être conservés, sont les RR. PP. *Damien Devenster* et *André Bugermann*, de la Société de Jésus (ANNALES DE LA PROPAGATION DE LA FOI, 1874, p. 307).

manquent et leur apporter les consolations de la religion. C'est une condition plus pénible encore que celle des lépreux du moyen âge, et qui fait regretter la « maison sur quatre estacques » de la coutume de Hainaut, la maladrerie de nos pères, et surtout l'ordre de Saint-Lazare et de Notre-Dame du Mont-Carmel.

APPENDICE.

MANIÈRE DE SÉPARER LES LÉPREUX D'AVEC LE PEUPLE.

*(Extrait du Rituel du diocèse de Bayeux, publié
sous l'épiscopat de Mgr d'Angennes, en 1627.)*

'IL arrivoit, Dieu le permettant
ainsi, que quelqu'un se trouvast
entaché de lepre, le curé en es-
tant adverty donnera ordre aus-
sitost avec le magistrat séculier estably pour
la police de luy trouver une maison séparée
de celle des autres, pour obvier à l'infection

que sa conversation pourroìt apporter parmy le peuple.

La maison trouvée et garnie de meubles et ustensiles nécessaires, comme de linge, habits, vaisselle, cousteau, entonnoir, baril et autres, le curé ou son vicaire célébrera la sainte Messe à l'intention du lépreux, ainsi qu'elle s'ensuit.

Introitus.

Circumdederunt me gemitus mortis : dolores inferni circumdederunt me : et in tribulatione mea invocavi Dominum, et exaudivit de templo suo vocem meam.

Psalm. Diligam te, Domine, fortitudo mea : Dominus firmamentum meum, et refugium meum, et liberator meus.

Oremus.

Omnipotens sempiterne Deus, salus æterna credentium, exaudi nos pro infirmo famulo tuo *(famula tua)* pro quo *(pro qua)* misericordiæ tuæ imploramus auxilium ut, reddita sibi sanitate, gratiarum tibi in ecclesia tua referat actionem. Per Dominum nostrum Jesum Christum.

Lectio libri Regum.

In diebus illis misit Helisæus nuntium ad Naaman principem militiæ regis Syriæ dicens, vade et lavare septies in Jordane, et recipiet sanitatem caro tua et mundaberis : iratus Naaman recedebat dicens, putabam quod egrederetur ad me, et stans invocaret nomen Domini sui, et tangeret manu sua locum lepræ et curaret me. Numquid num meliores sunt Abana et Parphar fluvii Damasci omnibus aquis Israel, ut laver in eis et munder ? Cum ergo vertisset se et abiret indignans, accesserunt ad eum servi sui, et locuti sunt ei : Et si rem grandem dixisset tibi Propheta, certe facere debueras : quanto magis quia nûnc dixit tibi, lavare et mundaberis ? Descendit et lavit septies in Jordane, juxta sermonem viri Dei, et restituta est caro ejus, sicut caro pueri parvuli et mundatus est : reversusque ad virum Dei cum universo comitatu suo venit, et stetit coram eo, et ait : Vere scio quod non sit alius Deus, in universa terra, nisi tantum Dominus Deus Israel.

Gradu. Miserere mei Domine, quoniam infirmus sum : sana me Domine.

Vers. Conturbata sunt omnia ossa mea, et anima mea turbata est valde. Alleluia.

Vers. Qui sanat contritos corde et alligat contritiones eorum. Alleluia.

Tractus.

Commovisti Domine terram tuam, et conturbasti eam. *Vers.* Sana contritiones ejus quia mota est. *Vers.* Ut fugiant a facie arcus, ut liberentur electi tui. *Vers.* Dominus vobiscum. *Resp.* Et cum spiritu tuo.

Sequentia Sancti Evangelii secundum Lucam (cap. 12).

In illo tempore, dum iret Jesus in Jerusalem, transibat per mediam Samariam et Galilæam, et cum ingrederetur quoddam castellum, occurrerunt ei decem viri leprosi : qui steterunt a longe, et levaverunt vocem dicentes : Jesu præceptor, miserere nostri. Quos ut vidit, dixit : ite, ostendite vos sacerdotibus. Et factum est, dum irent, mundati sunt; unus autem ex illis, ut vidit quia mundatus est, reversus est cum magna voce magnificans Deum. Et cecidit in faciem ante pedes ejus, gratias agens, et hic erat Samaritanus. Respondens autem Jesus dixit : nonne decem mundati sunt et novem ubi sunt ? Non est inventus qui rediret, et daret gloriam Deo, nisi hic alienigena , et ait illi : Surge , vade , quia fides tua te salvum fecit.

Offertorium.

Domine exaudi orationem meam et clamor meus ad te veniat.

Secreta.

Deus cujus nutibus vitæ nostræ momenta decurrunt : suscipe preces et hostias famuli tui (*famulæ tuæ*) pro quo (**pro qua**) misericordiæ suæ imploramus auxilium : ut de cujus periculo metuimus, de ejus salute lætemur. Per Christum Dominum nostrum. Amen.

Communio.

Redime nos, Deus Israel ex omnibus angustiis nostris.

Postcommunio.

Deus, infirmitatis humanæ singulare præsi-

dium, auxilii tui super infirmum nostrum
(*infirmam nostram*) ostende virtutem : ut ope
misericordiæ tuæ adjutus (*adjuta*) Ecclesiæ
tuæ sanctæ incolumis representari mereatur.
Per Dominum nostrum.

La messe finie, le lépreux sera conduit par
le curé au lieu destiné pour sa demeure, où
en l'introduisant il lui fera les défenses qui
ensuivent :

*Je vous défends de plus entrer es églises,
moulins, fours ou marchés, ni de vous trouver
es assemblées du peuple.*

*De laver jamais vos mains ni chose aucune
qui soit à votre usage es fontaines, rivières ou
ruisseaux qui servent au public, vous enjoignant que si vous voulez puiser de l'eau pour
votre nécessité, vous vous serviez de vostre baril
ou de quelque autre vaisseau propre à cet effet.*

Je vous défends d'aller deschaussé hors de

vostre maison, ni sans habits de lépreux et vos cliquettes, afin d'estre recogneu d'un chacun.

De toucher quelque part que vous vous trouviez quelque chose que vous voudrez acheter pour la recognoistre, sinon avec une verge ou baston.

D'entrer aux tavernes ni autres maisons sous quelque prétexte que ce soit, vous enjoignant que si vous voulez acheter ou recevoir du vin qu'on voudra vous donner, vous le fassiez mettre en vostre baril.

De respondre sur les chemins à ceux qui vous interrogeront si vous n'êtes au-dessous du vent, de peur que vous n'infectiez les passans.

De passer par les chemins estroits, pour obvier aux rencontres contagieuses.

Que si vous estes contraint en voyageant de passer l'eau, je vous défends de toucher les pieux et autres instruments qui servent à cet effect, sans avoir premièrement mis vos gands.

De toucher aucunement les petits enfans, ny leur donner aucune chose, ny à quelqu'autre personne que ce soit.

De plus manger ny boire en compagnie, sinon de lépreux.

Finalement, il l'exhortera de prendre en patience cette affliction qu'il a pleu à Dieu lui envoyer, et se confier beaucoup en sa miséricorde, qui ne lui deniera point la guarison quand il la recognoistra nécessaire pour son salut.

(Extrait des Mémoires de la Société des Antiquaires de Normandie.)

Caen. — Typ. F. Le Blanc-Hardel.

www.ingramcontent.com/pod-product-compliance
Lightning Source LLC
LaVergne TN
LVHW021754170726
843503LV00007B/2873